MARIAGE

DE

M. Marie-Joseph-Frédéric-Bernard BAUDRY

ET DE

Mlle Marie-Émilie-Gabrielle SYSTERMANS

LE 14 JUIN 1890

MARIAGE

DE

M. MARIE-JOSEPH-FRÉDÉRIC-BERNARD BAUDRY

ET DE

Mlle MARIE-ÉMILIE-GABRIELLE SYSTERMANS

LE 14 JUIN 1890

E mariage, célébré le 14 juin 1890, à Saint-Germer (Oise), de M. Marie-Frédéric-Bernard Baudry et de Mlle Marie-Émilie-Gabrielle Systermans, a été l'occasion d'une touchante cérémonie.

Une plume bienveillante en a retracé les détails dans le Journal de l'Oise du 18 juin. La belle et ancienne église abbatiale, aujourd'hui paroissiale, avait pris un air de fête, grâce aux soins de son digne curé-doyen, M. l'abbé Bornet ; les habitants du pays s'étaient plu à l'orner ; des amateurs de talent y prêtèrent le concours de leurs instruments de musique et de leurs voix ; un oncle de la mariée, M. l'abbé Méteil, vicaire à Notre-Dame de Senlis, qui allait recevoir les engagements solennels des conjoints et célébrer la messe, prononça un chaleureux et éloquent discours, qui toucha vivement une assistance, aussi nombreuse que recueillie, de parents et d'amis.

Nous n'avons pas, à notre indicible regret, été autorisé à reproduire le discours de M. l'abbé Méteil ; mais nous livrons à un chiffre d'exemplaires, qui ne devra pas sortir d'un cercle intime extrêmement restreint, et qui du moins en conservera le souvenir, une aimable allocution adressée, dans la même journée du 14 juin, aux nouveaux époux, par M. l'abbé Delalonde, ancien doyen de la Faculté de théologie, vicaire général honoraire du diocèse de Rouen, et supérieur de la communauté des religieuses de Saint-Aubin.

Nous y joignons quelques vers lus, à la fin du repas de noce, par le père du marié, et par un excellent ami de la famille Systermans.

P. B.

M. L'ABBÉ DELALONDE

AUX JEUNES ÉPOUX

Mes chers Enfants,

Vous me permettrez cette appellation moins solennelle, mais plus intime, et qu'autorisent mon âge, mon caractère et mon affection. Cette affection, mon cher Bernard, vous savez, et vos parents savent mieux encore, si elle a d'anciennes et profondes racines ; et vous, ma chère Enfant, n'avez-vous pas été élevée dans une maison et par un institut dont la paternité spirituelle m'est confiée? Je ne viens pas en ce moment vous adresser un sermon : outre que ce n'est pas le lieu, cette tâche a été remplie ce matin avec autant d'ampleur que d'élévation par une voix doublement chère et autorisée. C'est donc l'ami qui vous parle en ce moment, mais l'ami qui ne saurait oublier qu'il est prêtre. Je voudrais, mes chers Enfants, en vous adressant mes félicitations et mes souhaits, vous faire bénir et aimer la Providence qui a préparé avec tant de suavité et d'efficacité ses desseins sur vous deux. Rappelez-vous, mon cher Bernard, ce qui se passa un jour à votre foyer : une apparition se fit, apparition gracieuse, qui s'ignorait elle-même, qui semblait devoir disparaître comme l'heure qui l'avait amenée. Et voici que cette apparition se fixe immédiatement dans votre âme, elle y éveille des émotions d'un ordre nouveau. Et vous, ma chère Enfant, si votre modestie virginale vous rendait heureusement inconsciente des pures et douces impressions que vous laissiez, est-il téméraire de supposer que votre cœur les a subies facilement à son tour, lorsque vous avez pu y donner une adhésion légitime? Mais voyez comme l'étude des desseins de Dieu nous révèle d'autres convenances harmonieuses, dans le caractère et les traditions de vos familles. Vous appartenez, mon cher Bernard, à cette vieille et forte bourgeoisie rouennaise, qui pouvait marcher de pair avec la noblesse, car noble elle était par ses allures, ses sentiments, son dévouement au bien public. Jetez les yeux sur votre arbre généalogique : les Baudry, les Esmangard, les Ribard, les Homberg, les Taillet vous couvrent de leur ombre et vous entourent de deux siècles d'intégrité, de dignité et d'honneur. Contemplez seulement votre père et votre mère : vous pourrez, sans remonter plus haut, apprendre comment on comble les loisirs d'une position indépendante par une vie sans cesse occupée, soit aux nobles travaux de l'esprit, soit aux pures jouissances de la charité.

Pour vous, jeune et chère Madame, il m'est facile de trouver, sans les connaître aussi bien, vos titres de noblesse. Votre famille a plongé ses racines dans le sol de Saint-Germer, et nous savons qu'elle en fait l'honneur. Nous n'ignorons point vers qui se portent avec plus d'empressement et de constance l'estime et les sympathies de l'opinion publique qui, selon le mot de Tacite, « sait parfois choisir. » Vous le voyez, la Providence a joint à vos convenances personnelles les convenances entre vos familles, familles *Souches*, comme les appelle notre grand publiciste Frédéric Le Play, familles qui ont été plantées, qui ont grandi en terre chrétienne, et c'est là le secret de leur force et de leur durée.

Dirai-je enfin les convenances de votre éducation ? Votre époux, jeune et chère Madame, n'a point usé sa jeunesse dans ces frottements utiles parfois, souvent douloureux et qui ne profitent pas à tous. A part la courte et austère épreuve qu'impose maintenant le patriotisme, il a vécu dans la pure atmosphère du foyer domestique. Pour vous, mon cher Bernard, vous savez déjà et vous saurez encore mieux ce qu'est une jeune vierge élevée dans les traditions chrétiennes. Le système païen qu'on voudrait ressusciter pour la femme, n'est point, Dieu merci, près de s'acclimater en France, et la religion prouvera longtemps encore qu'elle n'exclut ni la culture de l'esprit, ni la grâce et la distinction, en leur donnant pour gardiennes la foi et l'innocence. Vous pouvez donc, chers Enfants, vous tendre la main avec la candeur confiante de votre âge, et vous dire que si Dieu vous unit, c'est qu'il vous a faits l'un pour l'autre. Nous n'ignorons pas quel sacrifice s'impose à la tendresse maternelle quand on vient lui ravir une fleur cultivée avec tant d'amour. Mais, puisque telle est la loi de la vie, puisque les parents eux-mêmes, dans leur affection désintéressée, cherchent à assurer l'avenir de leurs enfants et à se survivre pour ainsi dire en eux, comment ne les féliciterions-nous pas de trouver, de part et d'autre, une réunion si complète de convenances, des gages si nombreux de bonheur humain et chrétien ? Enfin, en terminant ce trop long discours pour lequel nous demandons grâce à cette belle réunion de famille, nous dirons à ce couple si cher : « Vivez longtemps, vivez heureux, vivez toujours dignes de vos parents, vivez entourés d'une couronne bénie d'enfants dignes de vous ! »

TOAST

DE M. PAUL BAUDRY

La parole aux anciens, comme aurait dit Virgile :
A moi donc de parler, car je suis votre aîné ;
Mais j'avouerai d'abord qu'il est très difficile
De parler aussi bien que nous avons dîné.

Bien vider une assiette et bien vider un verre
C'est, à mon âge encor, ce que je fais le mieux ;
Mais boire en vers, c'est trop pour un sexagénaire ;
Pour enfourcher Pégase il faut être moins vieux.

Pour parler, je devrais posséder la science
Dont nous avons goûté les chaleureux accents.
Indiscret que je suis de rompre le silence
Sans avoir l'art qui fait les hommes éloquents !

Amis, excusez-moi ; si je suis très débile,
Le cœur ne vieillit pas ; en dépit de la loi
Qui veut qu'un moins adroit le cède à plus habile,
Je voudrais dire un mot. Amis, excusez-moi.

10

Je voudrais saluer le saint, l'éminent prêtre
Qui — si haut qu'en un poste il ait été placé —
Dès que mon fils naquit, longtemps avant peut-être,
Pour lui pria beaucoup et n'a jamais cessé (1).

Je voudrais saluer l'homme, dont la journée
Lui paraît incomplète et d'un emploi banal,
Si par quelque bienfait elle n'est terminée :
Vous avez nommé tous notre bon général (2).

Je voudrais saluer la nombreuse phalange
Des parents dévoués, des fidèles amis
Que, pour se joindre à nous, rien n'arrête ou dérange,
Dès l'aube dussent-ils n'être plus endormis.

Je voudrais saluer l'honorable famille
Qui, par une faveur à nous faire envier,
Détache, des fleurons dont sa couronne brille,
L'un des plus gracieux, pour nous le confier.

Je veux saluer celle, entre toutes aimable,
Que nous sommes si fiers d'appeler notre enfant,
Qui sera de mon fils la joie inénarrable,
Et que nous gâterons, — je m'en porte garant.

Je veux la saluer, petite châtelaine
Du manoir de La Motte, où, juste jour pour jour,
Depuis trente-huit printemps, presque la quarantaine,
Une fille manquait encore à notre amour (3).

(1) M. l'abbé Delalonde.

(2) Le général Aubry, chef de l'État-major du 3ᵉ corps d'armée,
témoin du marié.

(3) Le mariage de M. Paul Baudry et de Mademoiselle Mathilde
Homberg a eu lieu aussi le 14 juin, en 1852.

O couple bien-aimé ! que, pour lui, que, pour elle,
De l'épreuve à jamais leurs jours soient abrités !
O couple bien-aimé ! Bernard et Gabrielle,
Que Dieu vous rende heureux ! car vous le méritez.

SONNET

DE M. LE DOCTEUR DENIS

Votre cœur bat, ma chère Gabrielle ;
Sur votre front éclate le bonheur ;
Votre œil lance sa plus vive étincelle ;
Sur tous vos traits resplendit la candeur.

Jeune fille, parmi nous votre enfance
Fut calme et douce, aurore d'un beau jour ;
Jeune femme, marchez en confiance
Dans les sentiers que vous ouvre l'amour.

Un beau jeune homme est là qui vous admire.
Vous protéger, vous aider, vous conduire,
Tel est son droit ; il l'a reçu de Dieu.

Au lieu d'une, vous trouvez deux familles,
Qui vous aiment comme on aime ses filles.
Soyez heureuse ! à revoir ! pas adieu.

IMPRIMÉ À ROUEN

LE TRENTE JUILLET MIL HUIT CENT QUATRE-VINGT-DIX

PAR ESPÉRANCE CAGNIARD